非暴力沟通·情绪篇

[美] 马歇尔·卢森堡（Marshall B.Rosenberg）◎著
李永学◎译　崔天◎校译　陈海燕◎审核

The Surprising Purpose of Anger

Beyond Anger Management:
Finding the Gift

华夏出版社
HUAXIA PUBLISHING HOUSE

图书在版编目（CIP）数据

非暴力沟通.情绪篇/（美）马歇尔·卢森堡(Marshall B. Rosenberg)著；李永学译. --北京：华夏出版社有限公司，2020.8（2025.11 重印）

书名原文: The Surprising Purpose of Anger

ISBN 978-7-5080-9963-7

Ⅰ. ①非… Ⅱ. ①马… ②李… Ⅲ. ①心理交往—通俗读物②情绪—自我控制—通俗读物 Ⅳ. ①C912.11-49 ②B842.6-49

中国版本图书馆 CIP 数据核字(2020)第 110210 号

Translated from the book The Surprising Purpose of Anger by Marshall Rosenberg
Copyright © 2005 PuddleDancer Press, published by PuddleDancer Press.
All rights reserved. Used with permission.
For further information about Nonviolent Communication(TM)
Please visit the Center for Nonviolent Communication on the Web at: www.cnvc.org.

版权所有 翻印必究

北京市版权局著作权合同登记号：图字 01-2018-2561 号

非暴力沟通·情绪篇

作　　者	[美]马歇尔·卢森堡
译　　者	李永学
责任编辑	马　颖
责任印制	刘　洋
版权统筹	曾方圆
出版发行	华夏出版社有限公司
经　　销	新华书店
印　　刷	三河市少明印务有限公司
装　　订	三河市少明印务有限公司
版　　次	2020 年 8 月北京第 1 版　2025 年 11 月北京第 6 次印刷
开　　本	787×1092　1/32 开
印　　张	4
字　　数	60 千字
定　　价	45.00 元

华夏出版社有限公司　地址：北京市东直门外香河园北里 4 号　邮编：100028
　　　　　　　　　　　网址：www.hxph.com.cn　　电话：（010）64663331（转）
若发现本版图书有印装质量问题，请与我社营销中心联系调换。

需要得到满足时的感受：

兴奋　喜悦　欣喜　甜蜜　精力充沛　兴高采烈

感激　感动　乐观　自信　振作　振奋　开心　高兴

快乐　愉快　幸福　陶醉　满足　欣慰　心旷神怡

喜出望外　平静　自在　舒适　放松　踏实　安全

温暖　放心　无忧无虑

需要没有得到满足时的感受：

害怕　担心　焦虑　忧虑　着急　紧张　心神不宁

心烦意乱　忧伤　沮丧　灰心　气馁　泄气　绝望

伤感　凄凉　悲伤　恼怒　愤怒　烦恼　苦恼　生气

厌烦　不满　不快　不耐烦　不高兴　震惊　失望

困惑　茫然　寂寞　孤独　郁闷　难过　悲观　沉重

麻木　精疲力尽　萎靡不振　疲惫不堪　昏昏欲睡

无精打采　尴尬　惭愧　内疚　妒忌　遗憾　不舒服

《非暴力沟通·情绪篇》

1. **自由选择**：选择梦想／目标／方向

   自由制定计划来实现这些梦想、目标和方向

2. **庆祝**：庆祝生命的创造力以及梦想的实现

   纪念人生的失落：亲人的去世或梦想的破灭等（表达悲伤）

3. **言行一致**：真诚　创造　意义　自我肯定

4. **滋养身体**：空气　食物　运动

   免于病毒、细菌、昆虫及肉食性动物的伤害

   休息　住所　触摸　水

5. **玩耍**：乐趣　欢笑

6. **情意相通**：美　和谐　激励　秩序　平静

7. **相互依存**：接纳　欣赏　亲密关系　社区

   体贴　成长　安全感　倾听

   诚实（诚实使我们能够认识和超越自己的局限性）

   爱　信心　尊重　支持　信任　理解

马歇尔对愤怒的独特看法

对于愤怒这类情绪在我们生活中扮演的角色，我有一些独特的看法。人们通常认为应该压制愤怒，但我对这种想法是质疑的。人们会认为负面情绪就是负面的，其实"正面"和"负面"分别是："当我们的需要得到满足时出现的感受"和"当我们的需要没有得到满足时出现的感受"。两者都非常有价值，它们都是对生命的诉说！

所以我认为愤怒可以是一个礼物，它帮助我们连接到未曾满足的需要，因为正是这些未曾满足的需要引发了我们产生愤怒这样的反应。《非暴力沟通·情绪篇》揭示了人们对于愤怒普遍存在的错误观念，同时有关愤怒的讨论反而会更容易支持我们更好地理解非暴力沟通，因为它会涉及很多关键的非暴力沟通特性。

其实，当愤怒这类情绪扑面而来时，你依然可以从你的内心出发，进行非评判性的观察，清楚地了解你的感受和需要，发出明确的请求，尝试和生活有更多丰富多彩的连接。

——马歇尔·卢森堡

目 录
CONTENTS

第一章 什么决定了我们能否使用非暴力沟通 … 001
    愤怒与非暴力沟通 … 004
    即使只有一个人运用，它也有效 … 007

第二章 处理愤怒的步骤 … 011
    第一步和第二步 … 012
    第三步 … 026
    第四步 … 043
    愤怒与惩罚的关系 … 051

第三章 伤害别人确实简单 … 055
    愤怒之下：感受、他人行为、需要三者之间的关系 … 065
    带你从理论到策略再到实践 … 070
    以一位女子的愤怒为例 … 075

第四章 如何让他人理解我们的感受和需要 … 087
    静观那些出现在你脑海中的评判 … 098

第五章　关于愤怒，你需要了解的关键点 ⋯ 107

　　分为四部分的非暴力沟通过程 ⋯ 112

　　人类共有的一些基本感受和需要 ⋯ 115

邀请 ⋯ 119

第一章
什么决定了我们能否使用非暴力沟通

The Surprising Purpose of Anger
Beyond Anger Management:
Finding the Gift

我对两个问题具有强烈兴趣，非暴力沟通就是从这种兴趣中发展起来的。第一，我想要更好地理解，为什么我们中的一些人倾向于使用暴力，或者想要压制他人。第二，我想要更好地理解，什么样的教育能帮助我们保持同理心。我相信，尽管有些人倾向于使用暴力，或者想要压制他人，但同理他人是我们的天性。

我对这两个问题进行了探讨，发现有三个因素对于理解下面这个问题至关重要。为什么在类似的情况下，我们中一些人容易做出暴力反应，而另一些人则富有同理心。有三个因素对于理解这一点非常重要。这三个因素是：

·第一，我们在接受教育的过程中学习和使用过的言辞。

・第二，我们在这一过程中学习到的思维与沟通方式。

・第三，我们学会的用于影响我们自己和他人的特定策略。

我发现，在特定场合下，决定我们是以同理心（非暴力沟通）的方式还是以暴力方式做出反应时，这三个因素起了很大作用。有些语言的类型、思考的方式和沟通的形式能够增强我们的能力，为自己和其他人的福祉贡献力量。我将这三者加以整合，变成我称之为非暴力沟通（NVC）的过程。

非暴力沟通关注人们的需要是否得到了满足，以及如果没有满足时应该如何应对。它告诉我们，应该以什么样的方式表达自己，才能让他人更有可能心甘情愿地为我们的福祉做出贡献。它同样告诉我们，应该以什么样的方式接受他人的信息，从而使我们更有可能心甘情愿地为他人的福祉做出贡献。

愤怒与非暴力沟通

关于愤怒管理，非暴力沟通告诉我们，如何把愤怒作为一种提醒，它在告诉我们，自己正在用一种妨碍需要满足的方式进行思考，它会使我们采取一种对大家都无益的方式进行互动。我们以往的经验总会强调说："应该压制愤怒，愤怒是不好的。"这种想法是危险的。当我们认为愤怒代表着我们有什么问题，我们便往往会约束愤怒，而不去处理愤怒。压制愤怒或者不承认自己的愤怒，最终会导致愤怒以一种对我们自己和他人都非常危险的方式爆发出来。

想一想，你曾多少次在报上读到认识连环杀手的人对他们的描述。一种相当典型的描述方式是："他一直是个非常和善的人，我从来没听他大声说过话。他似乎从来没对任何人发过火。"

因此，我们在非暴力沟通中致力于借助愤怒，让它帮助我们来确定自己有哪些需要未能得到满足，而这正是愤怒的根源。

认为人们应该压制愤怒，这种说教流毒甚广。我们曾在世界范围内与许多组织一起工作，其中有许多人亲眼目睹了这一说教带来的恶果。这些组织的人发现，当他们告诉人们应该避免愤怒时,他们的这一说教就会被用来压迫别人,让他们容忍发生在他们身上的一切。有鉴于此,也有些人主张鼓励和"发泄"愤怒,而不去探究其根源,进而转化它。我对此也有保留看法。一些研究已经指出,有些管理愤怒的教学方式只是鼓励参加者发泄愤怒,如捶打枕头等;但这只不过是将愤怒进一步推向表层,结果使参与者以后更容易使用对他们自己和其他人都危险的方式表达愤怒。

因此,当我们利用非暴力沟通管理愤怒的时候,我们想要做的,是更为深刻地理解愤怒。我们的愤怒的根源是那些未能获得满足的需要,我们应该看一看:我们愤怒时到底发生了什么、有何需要未得到满足、如何才能让我们的需要得到满足?出于教学的目的,在说到愤怒时,我有时候称它为汽车仪表板上的指示灯：它会为你提供有关发动机需要什么的有用信息。你不会把指示灯藏起来或者遮盖或者置之不理，而会让汽车减速，弄清楚指示灯想要告诉你什么。

即使只有一个人运用，它也有效

我的经验是，无论另外的那个人采取什么样的沟通方式，如果我能够认真关注愤怒，把它当作一种指示，我们之间就可以保持连接。换言之，即使互动双方只有一个人应用非暴力沟通，它也照样有效。

所以，关注这个方向并不很难。但最大的障碍在于它会让人惧怕，因为它总是会直指我们的脆弱之处，让它赤裸裸地说出我们的情况和我们想要什么。当然,它可以在双方对此都很了解时顺利地进行,但几乎与我一起工作的每个人,都在试图与那些可能从来没有接触过此类知识的人建立这种沟通。所以,很重要的一点是:这一过程对每个人都有效,无论他们是否接触过非暴力沟通。

我们在强化训练中总在强调的一件事是:如何做到无论其他人以何种方式沟通,我们都可以坚持这一过程。也就是说,即使你是第一次开始这一过程,在某种意义上,愤怒也是更深入地进入非暴力沟通的有趣方式。当我们愤怒时,它会使得非暴力沟通这种模式的许多方面变得很清晰,帮助我们看到了非暴力沟通和其他沟通方式的不同。

非暴力沟通包括几个步骤。通过介绍瑞典

监狱中的一位青年男囚犯的例子,我将在某种程度上过一遍这些步骤。我曾和他在一次囚犯训练课中合作,向参与课程的人展示了应用非暴力沟通管理愤怒的方法。

第二章
处理愤怒的步骤

The Surprising Purpose of Anger
Beyond Anger Management:
Finding the Gift

第一步和第二步

用非暴力沟通处理愤怒的第一步是要意识到,刺激或者触发我们愤怒的事本身并不是让我们愤怒的原因。也就是说,并不单纯是因为有人做了些什么让我们愤怒,而是在我们内在有些什么刺激源对此人的行为做出了反应,这才是愤怒的真正原因。这就需要我们区别刺激源与原因。

关于那位囚犯,从第一天集中讨论愤怒时起,我们便很清楚,他对监狱管理者感到非常愤怒。所以,那天他很高兴我们可以帮助他处理愤怒。

我问他,监狱方面做了什么事情导致他如此生气。他回答:"我三个星期前向他们提出了一项要求，而他们至今没有回话。"很好，他以我想要的方式回答了问题。他很简单地告诉了我监狱方面干了些什么。他并没有夹杂任何其他评判，而这正是以非暴力方式管理愤怒的第一步：直截了当地弄清楚发生了什么，而不要掺入判断或者评判。这本身就是一项重要成果。当提出这样问题时，我经常得到的回答是："他们不体谅人。"这是对于他们是"什么样的人"的一种道德判定，而没有说出他们实际上做了些什么。

第二步是，我们应该意识到，刺激源从来不是让我们愤怒的起因。也就是说，并不单纯是他们做的事情让我们愤怒。引起我们愤怒的，是我们对他们所做的事情的评判。而且这是一种特定类型的评判。

非暴力沟通有一个前提假设：愤怒是我们对发生在我们身上的事情做出了离间生命的评判所产生的结果。也就是说，它没有直接连接我们或者我们周围的人的需要，它的基础是这样一种思维方式：即认为其他人做了这种事，因此他们是不道德的或者恶劣的。

评估引起愤怒的刺激源

我们可以用四种方式，看待任何在我们的生活中触发愤怒的刺激源。

在监狱管理人员三个星期没有回答那位囚犯的要求的问题上，他可以把这种情况看成是针对他个人的，是在拒绝他。如果这样做，他就不会感到愤怒。他或许会感到受伤，或许会感到气馁，但他不会感到愤怒。

作为第二种可能,他可以审视自身,看看他需要的是什么。当有需要时,直接专注于我们的需要,是最有希望让需要得到满足的思考方式。正如我们随后将会看到的那样,如果他直接专注于他的需要,他也不会感到愤怒。当他真正知道他需要什么的时候,他或许会感到害怕,后来发生的实际情况正是如此。

或者还有第三种可能:我们可以从与"我们"愤怒的那些人背后的需要出发,看看是他们背后的什么需要导致他们这样做。这种对于其他人的需要的理解也不会让我们感到愤怒。事实上,当我们真正连接到其他人的需要,即理解他们的需要那一刻,因为我们的一切注意力都在其他人身上,这时我们暂时可能会"忘掉"自己的感受了。

我们还会用到的第四种方式，是去想其他人做错了什么，我们在愤怒的时候总能最容易用到这种方式。

在运用非暴力沟通时，只要我们感到了愤怒，我们就建议我们对自己说："我感到愤怒，因为我正在告诉自己：＿＿＿＿。"然后在自己的头脑中寻找那种让生活不如意的想法到底是什么，正是它造成了我们的愤怒。

参照那位囚犯的情况，他告诉了我他的愤怒，以及他愤怒的刺激源是监狱官员三个星期都没有对他的要求做出答复。

这时我让他向内看，并告诉我他愤怒的原因是什么。他似乎有些困惑，并对我说："我刚刚已经告诉你我愤怒的原因了呀。我三个星期前提出了一项要求,到现在监狱官员还没有给我答复。"

我告诉他:"请听我说。你告诉我的是让你愤怒的刺激源。在我们之前的对话中,我已经试图向你澄清,你的愤怒并不是单纯来自这个刺激源。我们现在正在寻找这个原因。所以,我想听听你是怎样解释他们的行为的,你是怎样看待没有答复你这个问题的,那才是让你愤怒的真正原因。"

他对此非常不理解。和我们许多人一样:他没有受过这种训练,无法在自己愤怒时意识到自己内心深处在发生什么?于是我只好帮他一把,让他弄清我的意思,即停下来倾听自己内心深处可能有的那些想法,寻找愤怒的核心原因。

在考虑了一阵之后他对我说:"好吧,我知道你的意思了。我愤怒的原因是,我告诉自己,这样做不公平,这不是对待一个人的正当方式。他们的行事方式表明他们认为自己很重要,而我则是无关紧要的。"

然后另外一些类似的评判很快地在他的脑海中闪现。请注意,在一开始时他认为,他之所以愤怒只是由于监狱管理者的行为,但实际上,是头脑中的这些评判让他愤怒的,其中的任何一个都可能导致他发火。他的潜意识中已经做了一系列这样的预先的评判了,如"他们不公平,他们对待我的方式是错误的"等等,正是这些评判引发了愤怒。一旦我们确定了这一点之后,他就对我说:"这么说,我不该用这种方式考虑问题吗?"我说:"我没有说用这种方式思考有什么不对。我只是想让你意识到，是这样的思考让你发怒的。我们不想把这些原因跟这些人做的事情混淆在一起，那只不过是刺激源而已。"

区分愤怒的刺激源与原因

因此，对我们大部分人来说，做到这一点是很不容易的：即不要把让我们发火的刺激源或者说触发点和导致我们愤怒的原因混为一谈。之所以不容易，是因为我们或许受过这样的教育，即教育者主要依靠愧疚心理来激励我们。如果你想利用愧疚心理作为操纵人们的方法，就需要让他们思维混乱，认为刺激源就是你感到愤怒的原因。换言之，如果你想利用某个人的愧疚心理，就需要用某种沟通方式暗示你的痛苦就是他们的行为造成的。换言之，他们的行为不仅仅是你的感受的刺激源，而且是造成你的感觉的原因。

如果你是一个诱导孩子产生愧疚心理的家长,你或许会对这个孩子说:"如果你不清理你的房间,这种行为确实让我很难过。"或者,如果在两性相处中,你想诱导对方产生愧疚心理,你可能会对你的男友或者女友说:"这个星期你每天晚上都出去,这让我很生气。"注意,在这两个例子中,说话的人都在暗示,让他生气的刺激源就是他生气的原因:你让我感到生气。这件事让我生气。我感到怎么怎么了,原因是你干啥干啥了。

如果我们想要用与非暴力沟通一致的原理来管理愤怒,很重要的一点就是,我们必须意识到如下关键差别:我会愤怒,是因为我产生了一些有关他人行为的想法,暗示出其他人的做法是错误的。这些想法类似于:"我认为那家伙很自私,我认为那家伙很无礼,或者很懒惰,或者在操纵别人,而那家伙不该这么干。"这些想法或直接或间接地对其他人做出了评判。例如,我认为,这家伙以为只有他的想法才有价值。"这个表达,暗含着我们的间接评价:认为他们做得不对。"

这一点很重要,因为如果我认为其他人让我感到愤怒,我就很难不想要惩罚他们。我们想让大家知道:其实,从来都不是其他人做了些什么让我们愤怒,而是我们对他们的看法让我们愤怒,是我们如何看待他们所做的事情让我们愤怒。而如果人们能够读一下我在这本书中采取的方法,他们就可以在这一领域中学到一些非常重要的东西。

我曾长期在卢旺达工作。我经常和那些曾有家庭成员被害的人一起工作，其中有些人如此愤怒，结果他们唯一想做的事情就是等待复仇的机会。他们怒不可遏。但跟我在同一个小组工作的另一些人却和他们不一样，虽然也有亲人被害，甚至数目更多，但他们并不愤怒。他们也有着强烈的感情，但这种感情不是愤怒。这种感情让他们想要阻止类似的事情再次发生在其他人身上，而不是去惩罚别人。我们想让人们看到，造成愤怒的，是我们如何看待发生了的情况，而不是刺激源本身。

我们试图让人们看到，他们之所以愤怒，是因为他们的意识被我们曾学习过的这类观念所控制：即对方是好的或者不好的。这种想法才是让我们愤怒的根源。如果我们还有这种想法，我们不是教大家去压制我们的愤怒或者否认这种想法，而是要把它转变为一种"恰当"的语言，如果使用这种语言，我们就有大得多的可能性，能够与激起我们愤怒的人和平相处，不管他们是什么人。

我们首先说一下，应该怎样才能察觉到这种在你头脑中让你感到愤怒的想法，以及如何把它转化到你由于他人的行为而未能获得满足的需要上，然后从这种认识出发，与那个人重新建立新的连接。

按照非暴力沟通的方式表达我们的愤怒并管理我们感受的第一步是，确定什么是我们发火的刺激源，而不要把它和我们自己的评判混为一谈。第二步则是清楚地意识到，我们以某种暗示一些人犯了错误的方式评判他人，这才是让我们的愤怒的原因。

一则对比愤怒的刺激源和原因的实例

有一段时间我在一所为失足少年开办的惩戒学校里工作,我在那里获得的一项经验确实帮助我学到了一课,让我永远不会混淆愤怒的刺激源与原因。让我在刺激源和愤怒之间保持一种思维过程。

我连续两天碰到了非常类似的事件,但这两次事件我的感受却有很大差别。在这两次事件中,我的鼻子都被打了,因为我都跑去拉开一对正在打架的学生,两次我的鼻子都在拉架的时候被某个学生的胳膊肘撞到了。

第一天我勃然大怒。但第二天,尽管鼻子疼得比第一天更厉害,但我却并没有发火。那么,为什么第一天的刺激让我有愤怒的反应,而第二天却没有呢？

首先，在第一天的情况下，如果你在我鼻子被打了之后马上问我为什么发火，我会很难想出是什么想法让我这么生气。我很有可能会说："呃，我当然生气了，因为那孩子打了我的鼻子。"但这并不是我愤怒的原因。我后来重新考虑了当时的情况，因为在事件发生之前，我就对当时胳膊肘撞了我鼻子的那个孩子的品行做过评判。我心里认定，他是一个被宠坏了的小霸王。所以，他的胳膊肘碰到我的鼻子后，我的火马上就来了。看上去，是胳膊肘撞了鼻子之后我发的火，但实际上，在这个刺激源和我发火之间，我的头脑中已经闪过了这个印象：这是个被宠坏了的小霸王！这一切看上去发生得很快，但正是那个"被宠坏了的小霸王"的印象让我发火。

第二天,我对那个孩子有了完全不同的印象。他看上去是个不幸的小生命,而不是个被宠坏了的小霸王。因此,当他的胳膊肘捣上我鼻子时我没有发火。我当然觉得疼痛,但我并不生气,因为我的脑海中闪过的是完全不同的印象:那个孩子看上去非常需要支持,而不是那种让我生气的"宠坏了的小霸王"的样子。

这些印象浮现及消失得非常快,它们很容易就会让我们产生错觉,认为刺激源——胳膊肘撞上鼻子,就是我们生气的原因。

第三步

第三步是去寻找令我们愤怒的根源背后我们的需要。这种寻找基于一个假定,即我们是因为需要未能得到满足而生气的。问题是，我们并不知道我们有什么需要。我们并没有直接地与这种需要连接，而是进入另一种状态：去想另一方做错了什么，让我们无法满足需要。我们对于其他人做出的评判，也即我们生气的原因，是对我们未满足需要的一种扭曲的表达。

评判

很多年来，我慢慢意识到，我们对于其他人的这种会导致自己生气的评判，不仅是对自己需要的扭曲的表达，也是对自己的需要悲剧般的自杀式表达。我们不会在心中认真思考，去体会究竟自己有哪些需要没有得到满足，而是直接把自己的关注点放在评判其他人做错了什么上，使得自己的需要没有机会得到满足。而如果我们这样做了，往往会导致以下事情的发生。

首先,我们的需要最终也很有可能得不到满足,因为当我们用评判的语言在某种程度上断定对方错了,这些评判通常会激发我们自我保护的天性而产生更多的防御心理。更激烈地为自己辩护,而不会让我们从中学到什么,或是促成与他人更好地沟通。至少,它们不会为我们与他人合作创造更多的机会。有时候,在我们给出了认为别人犯了错误,或者是懒惰,或者是不负责任的评判之后,对方确实暂时会做出一些令我们喜欢的事情,但他们这种做法最终是需要我们付出代价的。我们会为此付出代价是因为,当我们愤怒的评判别人时,这些评判会以语言的形式或非语言的行为表达出来,对方会意识到,我们在以某种方式评判他们是错误的。即使人们随后做了些我们希望他们做的事情，他们这样做的原因很可能是出于担心遭受惩罚，害怕被人给予不好的评判，或者出于他们的愧疚心理或者羞耻心，而不是愿意同理我们的需要的。

通过接下来的"观察还是评判"练习，一起来体会什么是评判吧。

你认为以下这些句子哪些是观察,哪些是评判?

1. 哥哥昨天无缘无故对我发脾气。 ☐
2. 昨晚妹妹在看电视时啃指甲。 ☐
3. 开会时经理没有问我的意见。 ☐
4. 我父亲是个好人。 ☐
5. 麦克的工作时间太长了。 ☐
6. 姑姑在和我说话时爱发牢骚。 ☐
7. 他告诉我,我穿黄色衣服不好看。 ☐
8. 我儿子经常不刷牙。 ☐

··· 答案 ···

以下是马歇尔先生对游戏一的理解:

1. 如果你认为这一句是观察,我们意见不一致。**我认为"无缘无故是评论**。此外,我认为说哥哥发脾气了也是评论。他也可能是感到害怕、悲伤或别的。以下例句描述了观察结果而不含任何评论:哥哥告诉我,他生气了。"或是"哥哥用拳头砸了一下桌子。"

2. 如果你认为这一句是观察,我们意见一致。

3. 如果你认为这一句是观察,我们意见一致。

4. 如果你认为这一句是观察,我们意见不一致。**我认为"好人"是评论**。以下例句描述了观察结果而不含任何评论:"在过去的 25 年中,父亲将他工资收入的十分之一捐给了慈善机构。"

5. 如果你认为这一句是观察,我们意见不一致。**我认为"太长了"是评论**。以下例句描述了观察结果而不含任何评论:"本周迈克在办公室工作了 60 个小时以上。"

6. 如果你认为这一句是观察,我们意见不一致。**我认为"爱发牢骚"是评论**。以下例句描述了观察结果而不含任何评论:"本周姑姑给我打了三次电话,每次都说别人不尊重她。"

7. 如果你认为这一句是观察,我们意见一致。

8. 如果你认为这一句是观察,我们意见不一致。**我认为"经常"是评论**。以下例句描述了观察结果而不含任何评论:"本周我儿子有两次没刷牙就上床睡觉。"

当使用非暴力沟通时，我们要一直有这样的意识，人们是出于什么样的原因愿意按照我们喜欢的方式做事情，这是十分重要的，因为最终真正做这些事情的是他们。因此，我们要有这个意识，我们真正想要的，是人们心甘情愿地这样做，而不是因为他们认为自己不这么做就会受到惩罚，受到责备，"良心会受到谴责"，或者会被人羞辱。

积累关于需要的词汇

这个练习要求我们积累需要的词汇，增强对需要的意识。能使用更多的可以表达我们需要的词汇[1]，我们就能够更容易地碰触到那些隐藏在我们愤怒评判背后的需要。因此，无论我

1.注：本书为了让读者朋友拥有更多可以表达需要的词汇，文前也单独提供了需要词汇表，可供查阅。——编者注

们的需要的是什么，只有当我们有能力清楚地表达我们的需要时，其他人才有更多的可能去同理我们的需要。

让我们回头看看瑞典监狱囚犯的那个例子吧。在我们了解了他内心导致他生气的评判是什么之后，我请他看看他的这些评判背后隐藏了哪些未满足的需要。实际上，这些未曾满足的需要已经通过他对监狱官员们做出的评判获得了表达。

他要做到这一点并不容易，因为人们已经被训练成习惯先去考虑对方有什么错误，他们常常不了解自己的需要。也非常缺乏能够表达自己的需要的词汇。此时，他们需要转移自己的注意力，不再对外做评判，而是观察自己的内心，看看自己到底需要些什么。但在获得一些帮助后，他最终可以和自己的需要产生连接了。他说："我的需要是,希望能在出狱后能找个工作让自己自立更生。因此,我对监狱的官员们提出了那个要求,就是通过训练来满足'找工作照顾自己'这个需要。如果我无法获得这种训练,我出狱后就没法在经济上自立,最后还是会再次入狱的。"

然后,我问那个囚犯:"既然你现在知道了自己的需要,你现在是什么感受啊?"他说:"我只感觉挺害怕的。"此时,他的感受是害怕,他的需要是自立。所以,当我们直接和我们的需要连接后,我们就再也不会愤怒了。整个过程中,我们没有去压制愤怒;愤怒反而转化成可以用来为需要服务的一种感受。

感受的基本功能是为我们的需要服务的。情绪这个词意味着让我们的心走出来,驱动我们满足自己的需要。这是情绪的天然功能,驱使着我们满足自己的需要。

所以，当我们需要营养时，我们就会产生一种我们称之为"饥饿"的感受，这种感受刺激着我们采取行动，去获得食物以满足我们的需要。如果我们需要营养时感受是很舒服的，那我们就会挨饿，因为我们不会再驱使自己行动起来去满足我们的需要。

但是愤怒是因为我们把注意力从需要上移开而造成的，所以我们并没有真正和自己的需要建立连接，那么，一旦连接上了，它会自然而然地驱动我们去满足自己的需要，就像我说的那样，愤怒是来源于我们忙于考虑别人有什么过失，这就使得我们把那些本该用来满足自己需要的精力浪费在了责备和惩罚他人上了。我们可以通过"发言者是否对自己感受负责"的练习来体会感受和需要的关系，因为对自己的感受负责是发现自己真正需要的前提。

看一看，在以下例句中，发言者是否对自己的感受负责。

1. "你将公司机密文件放在了会议室。太令我失望了。" ☐

2. "你这么说，我很紧张。我需要尊重。" ☐

3. "你来得这么晚，让我很郁闷。" ☐

4. "你无法来吃晚饭，我很难过。我本来想和你好好聊一聊。" ☐

5. "我很伤心。因为你没有做你答应我的事情。" ☐

6. "我很沮丧。我希望我的工作已经取得更大的进展。" ☐

7. "朋友叫我外号让我很难过。" ☐

8. "你得奖了，我很高兴。" ☐

9. "你嗓门那么大，吓死人了。" ☐

10. "你让我搭你的车回家，我很感激。因为我想比孩子们先到家。" ☐

··· 答案 ···

以下是马歇尔先生对游戏二的理解：

1. 如果你选择这一句，我们意见不一致。对我来说，这句话意味着他人的行为导致了发言者的感受。以下例句体现了发言者对自己的感受负责："你将公司机密文件放在了会议室，我很失望。因为我希望重要文件能够得到妥善保管。"

2. 如果你选择这一句，我们意见一致。

3. 如果你选择这一句，我们意见不一致。以下例句体现了发言者对自己的感受负责："你来晚了，我很郁闷。因为我希望我们能坐到前排去。"

4. 如果你选择这一句，我们意见一致。

5. 如果你选择这一句，我们意见不一致。以下例句体现了发言者对自己的感受负责："你没有做你答应我的事情，我很失望。因为我希望我可以信任你。"

6. 如果你选择这一句，我们意见一致。

7. 如果你选择这一句，我们意见不一致。以下例句体现了发言者对自己的感受负责："朋友叫我外号，我会感到难过，因为我想得到欣赏。"

8. 如果你选择这一句，我们意见不一致。以下例句体现了发言者对自己的感受负责："你得奖了，我很高兴。因为我希望你能得到公司的赏识。"

9. 如果你选择这一句，我们意见不一致。以下例句体现了发言者对自己的感受负责："你大声说话时，我有些烦。我需要安静的环境来学习。"

10. 如果你选择这一句，我们意见一致。

在我和这位囚犯指出了和自己的需要建立连接后,他便意识到了自己的恐惧。他能够明白他之所以生气,是因为他想着的是别人的过失。然后,我问他:"你觉得怎么样才更有可能让你的需要得到满足呢?是当你和监狱官谈话的时候想着你的需要和恐惧的感受呢?还是一直在脑子里评判他们并变得愤怒呢?"

这时,他很容易就能明白他如果想要让自己的需要得到满足,那么,在和监狱官们谈话的时候时刻记得自己的需要要远远好过在心里一直想着别人的过失。在此刻,他开始意识到了当和自己的需要建立连接的时候比起之前评判他人的时候,这个世界出现了多么大的不同,他向下看着地板,然后脸上浮现出了一种我从没看过的悲伤神情,我问他:"现在感觉怎么样?"

他说:"我现在还没法说。"当天稍后,他让我明白了他当时的想法。他走到我跟前说:"马歇尔,我真的希望你在两年前就教会我你今天上午教给我的那些有关愤怒的事,要是那样我就不会杀死我最好的朋友了。"

这是一个悲剧。我尽量用非暴力沟通的语态进行描述:两年前,他和他最好的朋友之间发生了一些事,然后他对他朋友的所作所为进行了评判,并对此感到极为愤怒。但是,他并没有觉察到隐藏在这一切背后的他的真实需要是什么,取而代之的是他认为是他的朋友做的事让他愤怒的。结果,一次令人痛心的冲突以他杀死他的那位朋友而结束。

我的意思并不是说我们每次发怒都会伤人甚至杀人,但我确实认为,每当我们发怒时,我们都是在和自己的需要切断连接，我们的头脑以一种使得我们很难去满足自己的需要的方式来看待当时的状况。

我刚刚描述的是一个非常重要的步骤：去意识到那些让我们发怒的想法。就像我说的那样，开始时，那位囚犯根本没搞清楚，他内心深处让他愤怒的想法到底是什么。之所以这样，是因为我们的一些念头转瞬即逝。我们的许多想法非常快地在我们的头脑中一掠而过，甚至我们根本就意识不到自己曾经有过这样的想法，于是便会真的以为，刺激源本身就是让我们愤怒的原因。

以下是我总结的运用非暴力沟通管理愤怒的三个步骤：

1. 确定让我们愤怒的刺激物是什么，不要把它与对它的评判混为一谈。

2. 识别出真正让我们感到愤怒的那些头脑中的内部认知和评判。

3. 将这种评判性的想法和印象转化为它背后希望表达的需要。换而言之，把我们的全部注意力集中放在隐藏在这种评判背后的需要上面。

这三个过程是发生在我们内部意识层面上的，我们并没有真的说出什么。我们只是弄清楚了，我们的愤怒并不是因为另一个人所做的事情引起的，而是由我们自己的评判所引起的，然后我们就要去寻找隐藏在这个评判背后的需要了。

1 确定让我们愤怒的刺激物是什么,不要把它与对它的评判混为一谈。

让我感到愤怒的刺激物是:

让我感到愤怒的是我自己的哪些认知:

如果把这些转换为需要会是什么:

第四步

通过找出隐藏在这些评判背后的需要，我们把自己的愤怒转化成了其他的感受。于是，我们的第四步涉及我们实际上会对别人说些什么。

这第四步包括了要对别人说的四部分信息。第一，我们要对他说出那个刺激源，就是他所做的那件和我们的需要背道而驰的事情。第二，我们要向他表达我们的感受。注意，我们不是在压制愤怒，因为愤怒已经被转化为悲伤、伤痛、害怕、泄气这类感受了。第三，我们就接着可以表达这些感受背后，我们哪些需要没有得到满足。

现在，在了解到这三部分信息之后，我们

要提出一个清晰明确的请求了：我们究竟要从那个与我们的感受和未能被满足的需要有关的人那里得到些什么。

所以，针对那个囚犯的情形来说，他应该采取的第四步就是去找那个监狱官，说一番类似下面这样的话："三周前我提出了一个要求，但目前我仍然没有得到你们的答复，我感觉有些害怕了，因为我觉得，当我离开这里的时候我应该有挣钱养活自己的能力，但如果没有这项训练，我恐怕很难做到这一点。因此，我希望你们能够告诉我，为什么我还不能知道我是否可以得到这次训练的机会。"

他自身要先完成很多功课，请注意，这位犯人要完成这样的沟通，他需要意识到他自己目前的状况，他需要一些帮助才能意识到自己的真实需要，而在这一次的情形中，他是通过我的帮助来完成的，但在我们的实际训练中，我们会告诉人们如何靠他们自己来完成这一切。

当我们被别人刺激到，并发现自己已经开始愤怒的时候，我们需要以如下的方式去管理我们的愤怒情绪：

如果我们受到足够的训练，能够和隐藏在评判背后的需要建立连接，那么我们就可以深吸一口气，迅速地完成一次我引导那位囚犯经历的过程。换句话说，一旦我们发现我们自己就要发火了，我们便要做一次深呼吸，停下来，自我觉察，并迅速地问自己："我正在告诉自己什么，让我如此生气？"

感觉自己就要发火了
怎么办?

头脑中我正在告诉自己什么? 让我如此生气:

这样我们就有机会和隐藏在评判背后的需要相连接。

隐藏在我评判背后的需要是:

一旦我们和这个需要连接上,我们就能够从我们的身体内部感受到,愤怒变成了其他的感受。

此时我的感受是：

```
┌─────────────────────────────┐
│                             │
│                             │
│                             │
└─────────────────────────────┘
```

而到了这时，我们就可以开口向对方说出我们所观察到的、所感受到的和所需要的，并可以提出请求了。

这个过程需要实践。有了足够多的实践之后，它可以在几秒钟之内完成。也许我们足够走运，周围就有能够帮助我们发现我们脑海中真实想法的朋友。如果没有，或者我们没有得到足够多的训练，那我们就可以先停下来一段时间。我们可以对对方说："先停一下。现在我需要自己做一些工作，因为恐怕无论我说什么都可能妨碍我们两人的需要得到满足。"在这个时候,我们可以单独走到一边,和那些隐藏在让我们感到愤怒的评判背后的需要建立连接。之后,我们就可以重新回去处理这件事了。

我们用这种方式处理愤怒,当这种练习做得足够多之后,我们也可以共情地去理解是什么导致了对方会以某种行为方式去做某件事的,这通常对我们是很有好处的。如果我们能够在表达我们自己的想法之前做到这一点,那对我们的好处更会大得多。

如果我们想要按照我上面总结的方式去管理我们的怒火,其中的一个关键部分,是要能够明确地知道:到底是什么样的评判让自己感到了愤怒,以及能够迅速地把愤怒转变为那些隐藏在评判背后的需要。如果我们能够多做一些识别评判和转化评判为我们自己需要的练习，我们就能让自己拥有这样的能力：在现实情境中地迅速完成类似过程。

我推荐一种练习，就是列出当你发火后你脑海中所出现的那些评判。你或许可以考虑你最近一次发火的状况，并询问自己：当时你在内心究竟对自己说了些什么呢，才导致你发了这么大的火，并把这些评判记下来。

我生气的时候脑海中容易出现的评判是：

我已经发火了怎么办？

我当时内心的台词是：

这段台词让我意识到我背后的需要是：

当你写下了你在不同场合下对自己说过的那些导致你发火的话后，那时你或许就可以回过头来看一遍这份清单，并且问你自己："通过对他人的这些评判，我所表达的我的需要是什么呢？"我们将评判转化为需要所做的练习越多，它就越能帮助我们在现实生活中，更熟练地用非暴力沟通方式表达我们的情绪。

愤怒与惩罚的关系

我打算在有关愤怒的讨论中引入惩罚这个概念。那种导致我们愤怒的思维方式里，暗含着这种观念——人们应该为他们的所作所为付出代价。换言之，我的意思是当我们对其他人进行道德评判，那么，这其中就带有了认为他们的行为是错误的、不负责任的或者是不合适的这样的意识。说到底，所有这种种评判，都带有那些人不应该去那么做的含义，以及他们应该为他们的行为受到某种形式的谴责或者惩罚的意思。

我相信，如果我们能够问自己两个问题，我们将会看到，惩罚永远不会以建设性的方式让我们的需要真正得到满足。第一个问题是：你想要对方去做哪些和现在不一样的事情呢？如果我们只问这一个问题，可能有时候看上去惩罚的确会起作用，因为对一个打他妹妹的孩子，我们或许可以对他施以惩罚，通过惩罚让他不要再这样做。我说看上去会起作用（实际未必起作用），是因为人们因为孩子这样做而对他施加了惩罚，但实际上，这种惩罚本身会刺激到他让他产生对抗的情绪，结果，出于怨恨或者愤怒，他并不会真正停止这种行为，甚至还会让他一有机会便打得更加起劲。

但如果我们加上第二个问题，这时候我们就会明白，惩罚永远不会帮助我们以不令自己后悔的方式满足自己的需要。第二个问题就是：我们想要对方出于什么目的而去做我们希望他们做的事情呢？

当我们问了这个问题时，我想我们就能够看出，我们应该永远不会希望：其他人是因为不想受到惩罚而去做那些他们本不愿意去做的事情。我们不想让人们出于责任、义务、愧疚、羞耻，或者出于有意讨好而去做某些事情。只要大家有这些意识，我便可以十分自信地说，我们每个人都能看出，我们只希望人们心甘情愿地去做事情，因为这才能让他们清楚地看到，他们这样做之后他们的生活是如何变得丰富和充盈的。任何其他的驱使人们做某件事的理由，都很有可能让人们在未来更难做到以充满同理心的方式对待彼此。

第三章
伤害别人确实简单

The Surprising Purpose of Anger
Beyond Anger Management:
Finding the Gift

我的一部分目的是告诉大家，非暴力沟通的过程是如何帮助我们充分表达愤怒的。清楚地表达这一点，对于与我一起工作的许多团体来说都非常重要，因为我的大部分时间都受邀前往不同的国家，与来自不同团体的工作人员一起工作，他们都曾感到自己遭受过严重的压迫和歧视，并且他们是想要提高自己改变现状的能力的。在听到了非暴力沟通这个术语时，经常有些团体成员会感到担心，因为在历史上，他们频繁地受到过各种不同的宗教和其他训练的影响，教导他们要压抑自己的愤怒，冷静下来，接受命运的安排。因此，当面对任何告诉他们发脾气不好，或者不应该发脾气的教导时，他们都会感到更加焦虑。但他们最终看到了我们的工作，并且真正相信，我所谈论的这一过程完全没有让我们压抑自己的愤怒或者咽下愤怒的意思，这确实让他们大大地松了一口气。非暴力沟通完全和他们之前受到过的压制自己愤怒的教育不同，取而代之的是它提供了一种充分表达愤怒的方法。

因此，就像我以前说过的那样：我认为，伤害别人确实简单。

我认为，无论是怎样的杀戮、责备、惩罚或者伤害他人，都是在以一种非常粗浅的方式表达着我们的愤怒。直接地去伤害别人确实很简单，我们需要的是远远比在肉体和精神上去伤害别人更行之有效的方式。这样才能完整且高效地表达我们自己的感受。

> 为了用非暴力沟通
> 来充分地表达我们的感受，
> 我建议第一步，

> 是让对方完全不需要对**我们的愤怒**承担任何责任。
>
> 就像我在前面说的那样,
> 不要再让我们自己觉得,
> 他或她或他们在做这些事的时候会让我们愤怒。
> 因为当我们一旦以这种方式去看待问题时,
> 我相信我们会置身一种非常**危险的境况**当中,
> 并且我们不大再有可能充分地表达我们的感受了,
> 我们很可能会以责备或者惩罚他人的方式
> 来肤浅地表达**我们的愤怒**。

我向那些因别人的行为而去惩罚(伤害)他人的囚犯们说明,报复只是一种非常扭曲的呼求同理心的方式。当我们觉得我们需要伤害别人的时候,我们真正需要的,其实是想让那些人看到我们是怎样受伤的,从而让他们知道他们的行为曾经对我们造成了怎样的伤害。有许多囚犯曾经与我一起工作过，他们中绝大多数人都从来没有从让他们受过委屈的人那里得到过这种同理心。去伤害别人，是他们能够直接想得到，用来减轻自己痛苦的最好的办法。

有一次，我试图向一个囚犯演示这一点，因为他曾告诉我，他想杀了他的死对头。我说："我敢跟你打赌，我能够告诉你一件比复仇更让你感到开心的事情。"

那个囚犯对我说："你得了吧，这两年能让我在监狱里活下来的只有一件事，就是想着走出监狱的那一天，我就会抓住那小子，对他曾经对我做过的事情进行复仇，这是我在这个世界上唯一想做的事。他们会为此再把我弄进来，不过那也没关系。我想做的一切就是出狱，然后狠狠地整那小子一通。"

我说："我敢跟你打赌，我能够告诉你一件更棒的事情。"

"我跟你说，这绝不可能。"他马上回击。

"你能给我点时间吗？"我问道。

他说："随便多长都行，时间我有的是。"（我很喜欢这家伙的幽默感，因为他的刑期不短。这就是我喜欢跟囚犯一起工作的原因：他们不会急着去跟谁约会。）

总之，我说："现在我想告诉你的是，除了伤害人之外我们还有另外一个选择，我想让你扮演你的死对头。"

囚犯：行啊。

马歇尔（马歇尔，扮演这个囚犯）：这是我出狱的第一天。我逮到你了。我要做的第一件事就是先抓住你。

囚犯：头开得不错。

马歇尔：我把你推到一张椅子上，现在我说：我要告诉你一些事，我想要你告诉我，你听到我说了些什么。明白了没有？

囚犯（扮演囚犯死对头的角色）：但我要解释我曾经为什么要那么做！

马歇尔：闭嘴！你没听到我说啥吗？我想要你说你听到我说啥了。

囚犯：那好吧。

马歇尔：我曾把你带回我家，像亲兄弟一样对待你，在我家的那8个月里我给了你一切，然后你就对我干了那件事。我太受伤了，简直无法忍受（这件事我听这个囚犯说过好几次，所以演这个角色没难度）。

囚犯：但我可以解释我为啥那么做！

马歇尔：闭嘴。告诉我你听到了什么。

囚犯：你曾为我做过那么多事情，所以你

觉得特别受伤。你真希望事情会是另外的样子。

马歇尔：而且还有呢，你知道吗，在此之后的两年里，我每日每夜都在为这件事生气，除了想报复你之外再没有别的事情能让我感兴趣了。你知道这是什么滋味吗？

囚犯：所以这件事真的把你的生活弄得一团糟，结果你在这两年里什么都干不了，只剩下愤怒了。

于是，我们就像这样继续演了几分钟，然后这个犯人非常激动地说："别演了，别演了，你说得对，这正是我需要的。"

大约一个月之后我又去了这座监狱，他在

那里等我，但这次他简直像换了一个人一样，他在那里来回踱步。他对我说："嘿，马歇尔，还记得上次吗，你说，当我们真的想要伤害某人时，其实我们真正需要的，是要让他理解我们受了多少苦？"

我说："是啊，我还记得。"

"今天你能不能再来一次，但这次进行得慢一些？三天后我就要出狱了，如果我没法把这件事彻底搞明白，有人恐怕就要吃苦头了。"

所以，我的判断是，任何一个想要伤害他人的人，他们自己本身也都遭遇过暴力伤害，也许是心理上的，也许是其他方面的。对于他们所感受到的巨大的痛苦，他们需要别人的理解和同理心。

愤怒之下：感受、他人行为、需要三者之间的关系

再次重申，第一步，我们应该清楚地意识到我们的所感从来都不是源于别人做了什么。那么，我的感受是源于什么呢？我认为，我们的感受是源于我们在任何时刻是怎样地去解读别人的行为的。如果我请你六点钟来接我，但你是六点三十分来的，我会有什么感受？这取决于我如何看待这件事。无论我是什么感受，你比你说的迟到了三十分钟，这件事本身不会引发我产生这种感受，我选择如何去解读这件事，才是引发我产生某种感受的前提。

现在，我可以选择戴上一对我所说的"评判的耳朵"，它们是一种完美的工具，可以玩一个关于谁是对的，谁是错的，谁该去承担责

任的游戏。当你戴上这对耳朵的时候,你就会发现,有人应该对此承担责任了。

(下面有一位听众对马歇尔提问)。

男性提问者:所以,你是说,我们的感受是源于我们怎么样去解读他人的行为,我们如何描述别人的行为导致了我们会产生什么样的感受?

马歇尔:完全正确。情况是这样的:我们如何解读他人的行为,是构成我们有着什么样感受的一部分。

对于怎样去和我们的感受建立联系,这里还有另外的一个选择。就是我们可以戴上另外一双耳朵——非暴力沟通的耳朵,当我们戴上它们时,我们就不会再一味地去想到底是谁的错,我们自然也就不会花费脑力去分析这是我们的错误还是别人的错误了。

这双耳朵有助于我们更好地和我们自己的生活建立联系。而对于我来说,通过观察我们需要的是什么,我们自己的生活就可以被更清楚地揭示和理解。在这种情况下,我的需要是什么呢?当我与我的需要建立连接的时候,我就会产生很强烈的感受,但这从不会是愤怒,愤怒是一种割裂生活的思维造成的,这种思维与我的需要没有什么联系。愤怒意味着我已经用我的头脑,选择去分析另外一个人的错误了,此时我便切断了我与我的需要之间的联系。我的需要其实是源于那些正在发生的事情所带来的刺激,是源于我现在愤怒的感受所带来的刺激。但我并没有意识到我的需要是什么，我的意识现在只专注在那位没有满足我的需要的人犯了什么错上。

另外，如果我连接到了另外那个人的需要，我也绝对不会感到愤怒。我不是去压制我的愤怒，而是我根本感觉不到愤怒。我觉得，我们会有怎样的感受，取决于每当我们面对这种情况时，我们会在这四个选项中如何做出选择：我们会不会进入我们的头脑去评判另一个人？我们会不会进入我们的头脑去评判我们自己？我们会不会选择换位思考来明白其他人的需要？或者说，我们会不会选择有同理心地去理解我们自己的需要？

正是这个选择决定了我们会有什么的感受。这就是为什么非暴力沟通在"因为"这个词之后要加上另外一个重要的词——"我",而不是"你"。例如,"我感觉愤怒,因为我如何如何"。这提醒我们,我们的感受不是因为其他人的行为引起的,而是由我们自己做出的选择决定的。

> **请记住,**
> 我认为所有的愤怒都是一种**隔裂生活**的、**暴力的思维**导致的结果。
> 我认为,在某种意义上,
> 一切**愤怒**都是正当合理的:
> 充分地去表达愤怒,
> 意味着我们把我们的全部意识都放在了
> 那些我们未能得到满足的需要上面。
> 存在着一个未能得到满足的需要,这是正常的;
> 我的意思是,在某种需要确实

> 未能得到满足的时候,
> 我们**有权利**有这种感受。
> 我们必须满足这种需要,
> 所以,我们需要**某种能量**来刺激我们,
> 让这种需要得到满足。
> 但是我认为,愤怒让这种能量**偏离**了目标,
> 从满足需要偏离到**惩罚行为**上去了,
> 在这种角度来说,
> 它就是一种**破坏性的能量**了。

带你从理论到策略再到实践

让我来给你们看,我所说的是更加偏重于策略性的东西,而不是侧重于理论性的。为了解释我所说的"策略性"是什么意思,让我们

回头看看我举出过的那位囚犯的例子。我并没有从理论原理的角度出发引导他理解非暴力沟通的过程,而是通过策略原理来完成的。

所以,当他说监狱管理人员没有对他的要求做出回应时,我问:"好吧,那是什么让你愤怒的呢?"接着他说:"我已经告诉你了呀。他们没有回应我的要求。"我说:"停,不要再说我感到愤怒是因为他们怎么怎么样了。停下来,尝试去觉察,当你在和自己对话时,你告诉自己的是什么原因让你如此愤怒的呢。"但他没有理论来源或者心理学背景,没有办法习惯自然地弄清楚他自己的头脑在想些什么。

于是我说:"停下来。别着急。听我说就成。你在心里想些什么呢?"这时,答案就出来了,他说:"我在告诉我自己,他们不尊重我的人格。他们是一群不通人性的冷血官僚。"而且他还要接着说，但我说："停，这就够了。这就够了。这就是让你愤怒的原因。"然后，我对这位因犯说："正是你自己的这种想法才让你感到非常愤怒的。现在，请把你的注意力集中在你的需要上面。在这种情况下你需要的是些什么呢？"他想了一会儿，然后对我说："马歇尔，我需要得到我要求的那个训练。如果没有这个训练，我出去之后没多久还会回来的，对这一点我清楚极了。"

女性提问者：我觉得你的话有道理，但我觉得，要我做到这一点，我得需要像个超人了。我发火的时候似乎就是一眨眼的事，这时候要我去想不同的步骤，我觉得自己达不到这种要求。

马歇尔：你需要做的仅仅是不要说话而已。你瞧，我不觉得只有超人才能做到这一点。你需要做的仅仅是不说话，同时也不要在那个时候说任何想要责备对方的话，不要采取任何惩罚对方的行动。于是，你停下来，除了呼吸和采取这些步骤之外什么都不需要去做。第一步是闭嘴，什么都不说。这是重要的一步。

女性提问者：但是，在你的例子中，你等了半个小时来让那个人完成这一步，我的意思是，他们并不一定非要完成那一步，而且我已经非常着急了，你瞧，我的想法是："我无法相信，他怎么到现在还不来接我。""他是不是从来都不记得我要他做的任何事"等诸如此类的想法。

马歇尔：我说的是在那段时间你可以做点什么给自己减压，这也会增加你满足自己的需要的可能性。如果你做了这些我们讨论的步骤，当他或者她来了的时候，你就可以说一些话，这些话会让他或者她下次更有可能遵守时间。我希望我能说得更加清楚一些，让它不像一种超人的行为，因为你说得超人是要压制愤怒的，要努力把愤怒压下去的。

在这里，我们真正想要做到的是每时每刻让我们的注意力与我们的生活建立连接。我们要与我们当前的生命状态连接，与我们当前的需要建立连接，并且把我们的注意力集中在对方当下的生命状态上。

以一位女子的愤怒为例

第二位女子：我当时面对的情况是，我在跟一个人谈话，结果另一个人加入了谈话，他开始跟我的谈话伙伴说话，把我撇开了。而且他发表了一个评论，意思是，他们更希望他们的社区是白色[1]的。

马歇尔：哦，是这样啊。

第二位女子：于是我就感到很生气，因为我没办法继续我的谈话了，也就无法满足我的需要。

马歇尔：请等一下，我怀疑这一点，我不

1."社区是白色的"在这里指：社区里只有白色人种。——译者注

觉得你是因为这个而生气的。也就是说,我不觉得我们会因为需要没能得到满足而生气。我敢说,你之所以生气,是因为你当时对另外那个人有想法。所以,我希望你现在可以觉察下,你当时对自己说了些什么,才弄得你对那个人那么生气。你瞧,那里有这么个人,他说他更愿意这里只有白人,然后他跟另一个人谈话而不理你,那么你又是因为什么生气呢?因为你告诉了自己什么,这才让你生气了呢?

第二位女子:嗯,我当时对自己说,这家伙在干什么啊,我在这里跟人谈话,他干什么一来就把话题抢走了?

马歇尔:想一想在"这家伙在干什么啊?"这个问题背后的事情。对一个这么做的人,你有什么想法呢?

第二位女子：我对他有什么想法？

马歇尔：是的。

第二位女子：嗯，这可不是啥好话。

马歇尔：但我认为问题就在这里。我并不想要你一定有某些想法。我只是想要让你意识到，我刚刚所预测的事情就在这儿。这些想法很可能是很快闪过去的。

第二位女子：不，我立刻就觉得自己被人冷落了。

马歇尔：好，这就接近些了。就是说，你对他有一个评判，认为他冷落了你。但是，注意下，这个留下的印象并不是一种感受。

第二位女子：我明白了。

马歇尔：这是一种解读。就像被人抛弃了似的。"我感觉自己被人抛弃了"，"我感觉人们都不注意我"。所以说，这更是一种印象。你有一种被人冷落了的印象。那时还发生了些其他的什么吗？

第二位女子：我想当时不止一种印象，因为他们在进行目光交流，互相交谈，而在他们做这种交流的时候却不跟我说话。

马歇尔：但是，我觉得，当我们考虑这种情况时可以有二十种不同的想法，冷落你只是其中的一种。还有许多其他的解读方法。而且我要说，其中每一种都可以对你的感受有重大影响。所以，让我们再一次放慢步子。当时还有什么其他想法出现在你的头脑中，让你感到生气吗？

第二位女子：嗯，我还有些想法，跟他用"白色"这个词有关系。

马歇尔：是啊，我觉得我们现在快说到点子上了。那么，当有人以这种方式使用了"白色"这个词的时候，你的头脑中出现了什么想法？特别是当他们不看你而在相互看的时候？

第二位女子：我当时告诉自己的是，当他们说到"白色"的时候，他们指的"白色"不包括我。

马歇尔:于是,他们或多或少把你排斥在外了。

第二位女子:而且事实上,他们的行为和身体语言以及所有一切也都向我传递了那种信息。

马歇尔:所以,你相信他们是因为种族原因把你排斥在外的?对于这样做的人你有什么想法?

第二位女子:是啊,很多,我的意思是……

马歇尔:你瞧,这就是我试图找到的东西。我想,这些就是你当时受到那种行为的刺激而产生的想法,正是这些想法导致你感到愤怒。

第二位女子：我想是这样的。我同意你说的。我觉得一方面是我的这种想法，另一方面是我被排斥在外的事实。

马歇尔：不，其实你并没有被排斥。你被排斥了只是一种解读。我把观察定义为一个事实，这个事实是，这个人与其他人有目光交流，和你没有。看，事实就是这样。无论你把它解读为排斥你也好，还是你把它解读为种族主义也好，抑或你把它解读为那个人被你吓到了也好，这些都是解读。事实就是他没有看你，事实是他说了有关"白色"的什么事情，这些才是事实。但如果你把它解读为排斥你，你就已经在你的头脑中产生了某些感受，它们与你用其他方式的解读产生的感受不同。

第三位女子：那么，她怎么才能应付这种

情况呢?他们的身体语言是排斥她,他们的谈话排斥了她。我是说,她要怎样才能满足她的需要呢?

马歇尔:如果她的目的是充分表达她的愤怒,我会建议她意识到我们现在正在努力要搞清楚的一件事就是:她要意识到,她告诉了自己什么让自己感到如此愤怒。所以,在这种情况下,她立即就把事情解读为她因为种族主义而被排斥,所以她才如此愤怒,这让她有了各种想法。诸如因为种族关系而被排斥是不正确的,你是不是在内心深处有这种感觉呢?

第二位女子:我觉得这种感觉是过了一会之后才有的。是的,我最直接的感觉是我变成了透明人,因此我觉得困惑,有些摸不着头脑。我不明白为什么会这样。

马歇尔：是的，所以你在这种情况下立刻就有的反应并不是去评判别人。最直接的反应是，她不知所措，她困惑了。她的一个需要是想明白这是怎么回事，为什么会发生这样的事？

第二位女子：愤怒也就是这时开始的。

马歇尔：然后愤怒便开始了，因为她开始对为什么会出现这种情况有了一些假定。现在接着就出现了我们想要完整表达的那个部分，愤怒是通过类似如下的解读来的："嘿，等等，我想这是在因为种族问题而把我排斥在外，我不喜欢这样。我认为这是种族歧视，我认为这是不公平的。我认为不应该有任何人因为这种事情而被排斥。"就是这类想法。

第二位女子：是的。

马歇尔：是的，这是第二步。第一步，静下来，找出让我们愤怒的想法。然后，连接隐藏在这些想法后面的需要。于是，你对自己说："我认为任何人都不应该因为种族原因被人排斥，我认为这样不公平，我认为这是种族歧视。"这时候，所有的评判都是未能满足需要的悲剧性表达，其中，"种族歧视"是一个很好的例子。现在，隐藏在"种族歧视"这一评判后面的需要是什么？如果我认定某人是种族主义者，我的需要又是什么呢？

我也想进入他们的圈子，我想要平等。我希望人们给我和所有人一样的尊重和关心。现在，为了充分地表达我的愤怒，我张嘴说出了这样的话，因为我的愤怒现在转化成了我的需要和与需要相关的感受，但现在，我的这种与需要相关的感受比愤怒更加让我害怕，让我更加难以表达。对不对？

"这是种族歧视。"得出这个结论并不难，而且我也愿意这么做，但去深入触及这个评判背后的东西让我感到害怕，因为我的感觉与种族主义有着深刻的联系，而种族主义令人恐惧，但那才是对于我的愤怒的表达。所以，我随后或许会开口对那个人说："你刚刚来到我们这里，你对其他人说话，但就是不跟我说话，然后你做了一些有关'白色'的评论，这让我感到非常恶心，非常恐惧。这触发了我想要被平等对待的各种需要。我很想知道，当我告诉你这些的时候，你有什么样的感想。"

第二位女子：实际上我确实跟他说了类似的话。我的沮丧和愤怒并没有全部消失，到现在还依然存在，但我有一种感觉，就是我在这整个过程中所经历的一系列体验并没有得到理解。

马歇尔：如果我理解正确的话，你在担心，认为另外的那个人不会真正理解这件事对你的影响，以及你对此的所有经历？

第二位女子：是的。而且这是许多年中形成的东西，你瞧，就是我觉得应该称之为对于隔阂的愤怒。

第四章
如何让他人理解我们的感受和需要

The Surprising Purpose of Anger
Beyond Anger Management:
Finding the Gift

马歇尔：我们想要得到来自他人的一些理解。那么，充分地表达愤怒不仅意味着表达这些事情背后的深层次的感受，更是要让这个人可以明白。

为此，我们必须掌握一些技巧。我们必须发展一些技巧，因为你们一定注意到了，如果我想要得到这样一个人的理解，得到你谈到的理解的最好的方式就是首先给予他理解。你瞧，我越是换位思考去理解那个人这样做的原因，之后我就越有可能让这个人报以同样的理解，去倾听我从他们那里获得的所有深层的体验。让他们听到这一点是非常不容易的。所以，如果我想让他们听到，我就必须首先换位思考。让我跟你们说一下，在类似这样的情境下我是怎么获得进展的。

在最近三十年间，我拥有许多有关种族主义的经验，因为我最初研究使用非暴力沟通就是和一些具有强烈的种族主义倾向的人一起工作的。令人遗憾的是，直到今天，在我工作过的许多国家中，那里的公民担心的最大问题还是种族问题。在世界上许多国家中，"光头党"和其他新法西斯主义者让人在外面感到很不安全。这是一个非常大的问题，所以我们需要非常努力，才能让这些人明白这个道理。

说起来，有一次我上了一辆出租汽车。那是一大清早，车里除了司机外，只有我和另一个乘客，司机从机场接了我们俩到城里去。接着我们就听到出租车的喇叭里有人说："请到某某街道的犹太人会堂接菲什曼先生。"结果坐在我身边的那人说："这伙犹太佬一早上就起来了，压榨我们每个人来赚钱。"

我气得耳朵里都冒烟了！这是真的，因为当时比这再温和的话都会让我发狂。许多年来，我回忆自己的第一反应都是想动手揍这家伙。于是，在大约20秒钟内，我必须做深呼吸，来同理我自己内心的所有这些伤痛、恐惧、愤怒和其他感受。20秒后我可以听他的话了。我意识到，我的愤怒不是从他那里来的，并不是因为他说的话引起的。导致我愤怒，以及深层次的恐惧的根源要比这深刻得多。

我知道这和他说的话没有关系。他的话只是让我想要像火山那样爆发。于是，我坐了下来，只是很享受地观看着这个出现在我脑子里的判定是怎样继续发展的，你知道我的意思。我看到了一个图像，里面的人对着他的脑袋一顿狂揍。然后我从嘴里说出的第一句话是：

"你感觉到了你需要做些什么了吗？"我想要同理他，我想听听他有什么苦痛。我为什么这样做？因为我想让他理解这一点。我想让他知道，当他说这些话时在我身上发生了什么。但是，我知道，想要他理解在我身上发生了些什么，如果他们自己的内心正经历着一场"狂风暴雨"的话，他们是听不到的。

所以，我想要与他连接，通过带着尊重的同理心，理解在那个评判背后，存在于他身上的生命能量。因为根据我的经验，如果我这么做，他将能明白我的意思，这不会是件容易的事，但他会听到我的话的。于是我说："听起来你似乎跟犹太人有些什么不大愉快的过往啊。"他看了看我说："是啊，你瞧，这些人太恶心了，为了挣钱，他们什么都能做得出来。"听上去你好像很不信任他们，而在跟他们有金钱来往的时候,你需要保护你自己。""是的。"于是他就接着讲了下去。而我也在那里听着他的感受和需要。

现在,你瞧,当你注意听其他人的感受和需要时,你就不会跟他有冲突。他的感受和需要是什么呢?当我听到他感到害怕,想要保护他自己的时候,我也有那些需要,我需要保护我自己,我知道害怕是什么滋味。当我把意识放在另一个人的感受和需要上的时候,我看到了我们所有体验的共同之处。虽然我和他头脑中的想法、他的思维方式之间有很多冲突,但我已经知道,如果我不去管他们的想法,那我和他之间的交往就会愉快得多。我也知道,特别是对于有这种思维的人,如果我倾听他心中的感觉,而不管他脑子里出现的想法,那我的生活会好过得多。于是,真的,过了一会儿,这个人便滔滔不绝地向我诉说起他的悲伤和挫败了。还不等我们注意到这一点,他就不再大谈犹太人,而是说起了黑人和其他的族群。这家伙无论对什么人都有各种怨气。

而在我奉行只听不说政策之后大约十分钟后,他觉得我已经充分理解他了。然后,我就开始让他明白我心里在想些什么。我说:"你知道,当你开始说话的时候,我感觉糟糕透了、气馁透了,因为我跟犹太人之间的交往跟你的非常不一样,我非常希望你能有更多像我这样的体验。你能告诉我你听到我在说些什么吗?""哦,听着,我并没有说他们全都……"我说:"对不起,请你停一下,停一下。你能告诉我你听到我在说些什么吗?""你在说些什么?""请让我再说一遍我想要说的事情。我想让你听到,真正地听到当我听到你的话时心里有多难受。我希望你能听到，这一点对我确实很重要。我跟你说，我真的感到非常悲伤，因为我与犹太人来往时得到的经验非常不同，我希望能和你分享一段不同的经历。你能告诉我，你听到了我说了些什么吗？"

"嗯，你说我没有权力说那些话。"

我回答说："没有，我真的没有责备你的意思。真的，我一点也没有责备你的意思。"

看，只要他听出了一点点责备的意思，那他就没听明白。他没听明白，这点太容易看出来了。如果他说："我这样说太不应该了，我说的是些种族主义的言论，我不应该这么说的，"那他就没听明白。如果他听到了我说他什么地方说错了，他就没听明白我的意思。我想让他听一听，当他说那些话时，我在心中感到的痛楚。我想让他看到，当他说那些话时，我有哪些需要没有得到满足。我并不想责备他，责备他太容易了。

所以，我们需要为此做些工作，我必须拽着这个胡乱评判他人的耳朵提醒他。原因就在于：那些胡乱评判别人的人并不习惯于倾听别人的感受和需要。他们习惯于听到别人的责备，然后他可能会同意这种责备并痛恨他们自己，但这并不会让他们停止那样做；或者他们会仇恨称他们种族主义者的人，那就更不会让他们停止那样做了。所以，这就是我说的他们需要别人的帮助才能听进去话的原因了。或许，在开始的时候，你得听他说一阵子有关痛楚的话。好吧，老实说，在我能够听这种人诉说自己的伤痛之前，我不得不在过去的许多年里做大量的工作，大量的工作啊！

第二位女子：我还是感觉我想要能够保护自己。换句话说，如果我有选择，我不会跟那个人有来往，但因为他们占了我的位置，我就有点不得不牵涉其中的意思，所以我不是很确定你想要说什么？

马歇尔：我想说的是，如果我们想要对那个人完全表达我们的愤怒，我们就必须经历这个过程。但是，我并不是说我不会总是想要对这样一个人充分地表达愤怒。我的需要经常是想要去对别的什么人谈谈这些事，想不再去想他。但如果我真的想要充分地对他们表达我的愤怒，我就需要对他们进行同理，他们需要首先得到这个，才能够听到当那个行为出现时我内心深处的感受和需要。这样，他们就会在我这样做的时候理解我了。

这是我发现的充分表达愤怒的最佳方式,去真正让这个人知道我的内心深处在想些什么。正如你指出的那样,单单是把你想说的东西说出来是不够的。我需要他们完全的理解;我需要他们听到我心灵深处的声音,需要他们的同理。这并不意味着他们必须同意我的看法,他们甚至不必改变他们的做法,我只是需要他们倾听在我身上发生了些什么。所以,在二十秒钟之内,我的整个一生的经历都涌现在其中,而我就坐在那里,享受着这个过程。

第三位女子:你是怎样才做到这一点的呢?

静观那些出现在你脑海中的评判

我不久前遇到件事,有个人找到了我,很粗鲁地对我说了一番话,话语里是满满的斥责和评判。在这种情况下,我是这么回复他的。"你感到真的很烦,你才想以这样的方式说话?"那个人说:"是的,"然后他又说了很多。我接着说:"听起来在说这些话的背后你好像感受到一些痛楚,所以你才想这样。""是啊,就这样,怎么样?"

后来反复又进行几个回合之后,对方开始沉默了,此时有一位女子对我说:"马歇尔,我从来没见过哪个人像你这么富有同理心。如果有人像刚才这个人这样跟我说话,我肯定会动手揍他。你是怎么做到这一点的呢?"

我说:"让我告诉你我心里想些什么吧。你记得他回复我的第一句话吗?""是的。""我当时内心的第一反应:如果你不闭嘴,我就要用你的那一堆废话塞满你的脑袋。"

我对这位女子说:"而且后面情况还越来越糟。我的意思是,那时我开始产生一些真正的画面影像,而且我开始意识到,这个家伙说的那些话好像带有嘲笑和讽刺的意味,那是当我还是孩子的时候曾听到过的。我意识到,在那些嘲笑背后隐藏有很多类似恐惧这样的感受。我当时非常生气,想要好好地摇他几下,来让他注意到那些隐藏在嘲笑背后所带给我的羞辱。结果我就在这时停住了脚步开始去倾听。果然,我找到了那种被羞辱的感受,还有因为被羞辱而产生的恐惧。这时我感到自己的身体轻松些了。然后我就能做到你听到我说的那些事情了,因为它们转移了我的注意力,让我开始要关注对方的感受和需要了。

"你还记得他激怒我后我的反应吗?"女子回答:"是的。"然后我说:"这就是我的第一反应。"当我告诉了她我的第一反应是什么状态时,这个女子瞪大了眼睛,她说:"我第一次知道,你居然也会这么暴力啊。"就这样,在我仔细给她演示了我的心理反应后,在她的眼中我便从非常有同理心变成也会有暴力了。

好吧,这两种情况确定会同时存在。由于文化因素和其他原因,在我身上带有不少暴力的成分。但我依然享受这一点。当我感到愤怒时,我就舒舒服服地仰头向后坐好,自顾自地想像出的暴力画面在我头脑中掠过。我听着这些发泄在我身上的暴力的声音,想像着那些我想要对这个人施加的暴力行为，然后我去聆听这些愤怒背后的痛苦，而每当我感受到我愤怒背后的痛苦时，我就能感到放松下来。

然后，我就可以把注意力开始关注到对方身上了。我没有压制任何事情，而是恰恰相反。我很享受我所看到的这一切。这种放送一直在进行连同某些暴力行为也在我的头脑中放送着。

第四位女子：你不觉得这样你是在演戏吗？

马歇尔：我完全不是在表演，因为表演太肤浅了。如果我跳出来指责这个人，我们永远不会感觉到隐藏在所有这一切背后的苦痛。我没法真正对这个人充分地表达我的需要，并且让他理解到这些需要。我们只会开始一场战斗，而我知道战斗的结局：即使在我赢了的时候，我也不会感觉良好。所以，这不是我要的，我想要的是充分表达我到底是什么样的感受。

慢慢来，别着急

第五位女子：你之前说过，这是一个缓慢的过程。你说你需要时间，你需要时间对自己进行同理。但是，如果你试图进行一次谈话，在谈话过程中，好像你就有可能要告诉对方说："我说，请等一下。我需要想一想再回答。"我的意思是，因为你可能想得比较慢，所以会需要较长一些时间才能回应。

马歇尔：是的，我会随身带一张我一个朋友儿子的照片。这是他死于黎巴嫩战争之前的最后一张照片。我带着它的原因是因为在这张最后的照片里,这个小伙子穿了一件T恤衫,上面印着"慢慢来,别着急"。而对于我来说,这是一个非常强有力的信号。这对于我在这个过程的学习来说,这说不定是最重要的部分,全靠着这一点才有可能学会。"慢慢来,别着急。"是的,有时候,不能按照我们之前习惯的方式"自如"行动,有时候会让我感到不自在,但我还是想要慢慢地来,这样我就可以和谐从容地按照我自己的价值观去生活,而不是以一种机器人的方式,自动地按照我从小到大受到熏陶的那种文化,程序式地过完一生。因此,没错,慢慢来,别着急。这可能会让你感到尴尬,但对于我来说,这是我的生活。我将以慢慢来的方式,以我想要的方式度过。或许这会让我看上去有点傻呵呵的,但这并不要紧。

我的一个朋友叫萨姆·威廉斯（Sam Williams），他把这个过程写在一张 3×5 英寸的卡片上。他在工作的时候把它当作备忘单子使用。尽管老板会带着满脸挑剔的神色向他走去，但他还是可以提醒自己不要慌张慢慢来。他会停下来低头看看他手里的卡片，去体会该如何应答。我有一次问他："萨姆，有没有人觉得你花那么多时间看手里的东西很古怪啊？"他说："其实这也没让我花费那么多时间。但哪怕要花很长时间我也不在乎。因为我想要确定，我确实是在按照我想要的方式做出回答。"但在家里，他是公开地这么做的，他跟他的孩子和妻子解释了为什么他要用这些卡片。他说："我可能看起来很奇怪，也可能需要花很长时间，但这是我这么做的原因。"于是，当他们在家里有了争执时，他就会来摆弄这些卡片。过了大约一个月之后，他觉得有信心了,就把卡片丢开了。后来,一天晚上,他和他四岁的儿子斯科蒂(Scotty)因为电视有了争论,结果谁也没有说服谁,这时斯科蒂说:"老爸,去把那些卡片拿来吧。"

第五章
关于愤怒,你需要了解的关键点

The Surprising Purpose of Anger
Beyond Anger Management:
Finding the Gift

・选择以哪种角度去看待某种情境会极大地影响我的应变能力。有些选择会改善情况，有些选择会让情况变得更糟。

・别人做的任何事情都不是让你愤怒的真正原因。

・你头脑中的任何想法，只要与"应该"这个词有关，都有可能引发暴力。

・我认为，我们不会因为我们的需要未能得到满足而发怒。我们之所以愤怒，是因为我们对他人进行的评判激发了我们的愤怒。

・愤怒是由不自然的思维产生的自然感受。

·我并没有说评判他人是错误的……重要的是要意识到,正是这种评判让我们动怒。

·即使你没有把自己的评判说出口,你的眼睛和表情也会不自觉地透露出你的想法。

·用这样的句式:我感觉……是因为我……,来提醒我们,我们能够感觉到这一点,并不是因为他人的行为,而是因为我们自己做出的选择。

·对我而言,通过了解我们的需要是什么,我们可以最大限度地把握我们当下的生活。问问你自己:"在这种情况下,你的需要是什么?"

·当我与我自己的需要相连接的时候，我会有强烈的感受，但这不会是愤怒。我将一切愤怒视为与生活疏离的、暴力的、挑衅性的思维方式的结果。

·我认为，任何的杀戮、责备他人、伤害他人的行为，都是我们对愤怒非常浅陋的表达方式。

·我们的目标是随时随地让我们的注意力与我们的生命状态建立连接，与我们内在的生命进程连接。随时问自己：此时此地，我们的需要是什么？其他人的需要又是什么？

·悲伤是一种能够触动我们身心去满足我们需要的感受。愤怒是一种驱动我们身心去责备与惩罚他人的感受。

・充分地表达愤怒并不意味着我仅仅只是去表达愤怒背后的那些深层次的感受,而是要让对方可以理解到这些感受。

・充分地表达愤怒,意味着把我们的整个意识放在未能得到满足的需要上。

・能取得别人理解的最好方式,是同样也给予对方理解。如果我想要对方倾听我的感受和需要,我首先需要对他人进行同理倾听。

・当我给了其他人他们需要的同理倾听后,我发现再让他们倾听我说的话并不是什么难事。

・在非暴力沟通(非暴力沟通语言)中,愤怒是一种非常有价值的感受。这是一个警钟。它告诉我们,我现在正在用一种几乎不能让我的需要得到满足的方式在进行着思考。为什么呢?因为我的能量并没有连接到我的需要,并且当我愤怒时,我甚至都不知道我的需要是什么。

分为四部分的非暴力沟通过程

在不责备或者评判他人的情况下,清楚地表达"我的"情况。

不去听别人的指责或批评,而是带着同理心接受"他人的"情况。

观察

1. 我所观察(不带评判地看到、听到、记忆、)到的东西可能会,也可能不会与我的福祉有关:

   "当我(看到、听到)……"

2. 你所观察(在不加评判的条件下看到、听到、记忆、)到的可能有助于,或者无助于让我的生活变得更美好。

   "当你(看到、听到)……"

感受

1. 我对于我所观察到的事物有什么感受(情绪或感觉,而非想法):

   "我觉得……"

2. 你对于你观察到的事物（激情或者刺激，但不是想法）有什么感受（情绪或感觉，而非想法）：

"你觉得……"

需要

1. 我需要或者看重（而不是偏爱或者特定的行为）的能够引起我的感受的东西：

"……因为我需要／看重……"

2. 你需要或者看重（而不是偏爱或者特定的行为）的能够引起你的感受的东西：

"……因为你需要／看重……"

清楚地提出请求，这涉及那些能让**我的**生活丰富的东西，但不是命令。

带着同理心，倾听那些能够丰富你的生活的东西，而不将它当成命令。

请求

1. 我希望对方采取的具体行动：

   "你是否愿意……"

2. 你愿意采取的具体行动：

   "你是否会……"

人类共有的一些基本感受和需要

当需要得到满足时的感受

- 吃惊
- 满足
- 欣喜
- 受到刺激
- 舒适
- 高兴
- 激动
- 震惊

- 自信　　・充满希望　・乐观　　　・感激
- 渴望　　・受到鼓舞　・骄傲　　　・感动
- 精力充沛・好奇　　　・安心　　　・信任

当需要未能得到满足时的感受

- 愤怒　　・气馁　　・丧失希望　・被压倒
- 厌烦　　・压抑　　・不耐烦　　・困惑
- 担心　　・尴尬　　・激怒　　　・不情愿
- 糊涂　　・挫败　　・孤独　　　・悲伤
- 失望　　・无助　　・焦虑　　　・不舒服

人类共有的一些基本需要

自主权

- 选择梦想 / 目标 / 价值观
- 自由制定计划来实现这些梦想、目标、价值观

仪式感
- 庆祝生命诞生与梦想的实现
- 为丧失而悲痛：亲爱者去世，梦碎，等等（哀悼）

言行一致
- 真实性　　· 创造性　　· 意义　　· 自我价值

滋养身体
- 空气　　· 食物
- 运动　　· 操练
- 对于来自对生命有威胁的生命形式的保护：病毒，病菌，昆虫，猛兽
- 休息　　· 性表达
- 住所　　· 触摸　　· 水

玩乐
- 有趣　　· 欢笑

情意相通

- 美
- 和谐
- 鼓舞
- 秩序
- 平和

相互依存

- 接纳
- 欣赏
- 亲密
- 团体
- 关爱
- 对生活丰富性的贡献
- 安全感
- 同理心
- 诚实（能够让我们从我们的局限性中学习的给人力量的诚实）
- 爱
- 安心
- 尊重
- 支持
- 信任
- 理解

邀 请

本书无法提供的是与马歇尔·罗森伯格或者非暴力沟通中心的某位认证培训师共处的体验。非暴力沟通信息中的力量、温暖和深刻会通过亲身参加一次工作坊得到大大的增强。与活生生的参与者们的互动会丰富学习的过程，这是阅读书本无法比拟的。如果除阅读图书以外您还有更多需要，请登录 www.CNVC.org，查看非暴力沟通训练与演讲日程，并可找到一份世界各地的非暴力沟通培训师和辅助人员名单。

如果你想要一份所有非暴力沟通的材料清单，包括音频、CD 光盘、图书及其他，请登录 www.CNVC.org。如果你想要有关非暴力沟通的更多信息,请登录 www.NonviolentCommunication.com。